EL ABC DE LA ORACIÓN

Eunice de Bryant

EL ABC DE LA ORACIÓN

Eunice de Bryant

Publicado para

EDICIONES FE Y SANTIDAD
por
CASA NAZARENA DE PUBLICACIONES
6401 The Paseo, Kansas City, MO 64131, E.U.A.

Publicado por
Casa Nazarena de Publicaciones
Kansas City, Missouri 64131
Reimpresión 2008

El ABC de la Oración
Por Eunice Bryan

Beacon Hill Press of Kansas City
A Division of Nazarene Publishing House
Kansas City, Missouri 64109 USA

ISBN 978-1-56344-007-6

Impreso en USA
Printed in USA

CONTENIDO

LA ORACIÓN COMO RELACIÓN

A. La osadía de la oración

B. El reconocimiento de la presencia de Dios

C. La reverencia en la presencia de Dios

D. Un sentido saludable de temor en su presencia durante nuestras tareas seculares

E. La sensibilidad a su voluntad que nos ayuda para las decisiones delicadas

F. El gozo de la aceptación personal delante de Dios

G. El gozo del amor recíproco entre Dios y su hijo adoptivo

H. La oración como relación en la comunidad cristiana

1

LA ORACIÓN COMO RELACIÓN

Si este libro fuera dirigido a las personas inconversas, tendría que empezar con instrucciones detalladas en cuanto a la oración del pecador arrepentido, pero el propósito de esta obra pequeña es el de ayudar al creyente nuevo quien anhela crecer en el conocimiento y la gracia del Señor. Así que, todas las sugerencias hechas en estas páginas se dirigirán a las personas que ya son hijos de Dios.

Pero, ¿qué clase de relación puede existir entre un ser humano y el Creador del universo? Hemos nacido de nuevo, y el Espíritu Santo nos asegura que somos hijos de Dios (Romanos 8:16). Sin embargo, en un cierto sentido, nos parece un acto de osadía que una persona que ha vivido en rebelión a Dios, y que ahora ha determinado servirle con todo el corazón, llegue delante del trono del Padre para presentarle sus peticiones. ¡Qué enorme distancia existe entre el Dios tres veces santo y el hombre o mujer que se ha dedicado al pecado y que hasta ahora ha cambiado su dirección!

Pero es precisamente esta distancia infinita la que hace que este privilegio sea tan significativo. Pablo subraya esta relación nueva al escribir a los colosenses. Se refiere a los creyentes como "escogidos de Dios" (3:12). Por medio de la encarnación de Jesucristo y su sacrificio en el Calvario, Dios ha establecido un puente de contacto, y nos ha invitado a mantener una relación viviente con El. El escritor de Hebreos lo expresa hermosamente: "Porque no tenemos un sumo sacerdote que no pueda compadecerse de nuestras debilidades, sino uno que fue tentado en todo según nuestra semejanza, pero sin pecado. Acerquémonos, pues, confiadamente al trono de la gracia, para alcanzar misericordia y hallar gracia para el oportuno socorro" (Hebreos 4:15-16).

Probablemente usted haya tenido varias veces la experiencia de escuchar las indirectas jactanciosas de personas que quieren que otros sepan que ellas son importantes porque son familiares del presidente o de otro personaje famoso. Pero usted tiene establecida una relación infinitamente más importante: es hijo o hija del Rey del universo, quien le ha invitado a una relación creciente de comunicación con El.

Así que la osadía de la oración se basa en la relación nueva que tenemos con nuestro Padre celestial. Nosotros, que hemos sido pecadores rebeldes e infieles, ahora somos perdonados, adoptados y privilegiados. Tenemos una relación personal con Dios.

Cuando llegamos delante de nuestro Padre, es importante que estemos conscientes de su presencia. Puesto que estamos por hablar con una Persona invisible, nos conviene permanecer en silencio por unos momentos hasta que podamos enfocar la atención completamente en El. Nuestras plegarias tendrán mucho más significado si formamos el hábito de concentrar nuestros pensamientos en una consciencia de su presencia en el mismo cuarto en donde estamos orando. Algunos predicadores tienen esta costumbre cuando anuncian a la congregación que van a tener la oración pastoral. Se quedan unos momentos en silencio para darles a los hermanos la oportunidad de poner a un lado los otros pensamientos y concentrarse sólo en la presencia de Dios. Sin duda, esta práctica contribuye a un ambiente más apropiado para la oración eficaz.

No siempre nos es fácil mantener este reconocimiento de la presencia divina durante la oración. El enemigo de nuestra alma es astuto y hace esfuerzos por desviar nuestra atención y llenar la mente con asuntos mezquinos, o a lo menos secundarios. Esto quiere decir que el creyente que está orando necesita usar una disciplina persistente si quiere aprovecharse de este privilegio tan importante. Afortunadamente, Dios mismo nos ayuda en esta necesidad si se lo pedimos.

El reconocimiento de la presencia de Dios no se limita a los momentos de la oración. Una característica del crecimiento satisfactorio en la gracia de Dios es una consciencia creciente de que Dios es real y está cerca. Esto significa que uno vive en una actitud de reverencia, porque reconoce que Dios ve y oye todo lo que uno está pensando, diciendo, o haciendo. Esta reverencia origina en algunos casos un sentido de temor. Pero con el tiempo, la experiencia nos cambia. Todavía sentimos temor, pero es un temor sano, y la consciencia de su presencia llega a ser un consuelo, porque reconocemos que nuestro Padre no está allí para juzgarnos o criticarnos sino para auxiliarnos en las situaciones más difíciles de la vida.

Algunos cristianos nunca llegan al punto en su desarrollo de gozar adecuadamente esta relación tan saludable con su Padre celestial. Hoy mismo recordaba las experiencias de mi niñez y la influencia formidable que tenía en mí la directora de nuestra escuela primaria, y me di cuenta que mis relaciones con ella eran semejantes a las que algunos cristianos mantienen con Dios.

Esta directora era muy legalista y exigente. Quizás pensaba que era necesario que los alumnos tuvieran esa imagen en la mente para poder mantener el control. Pero yo le tenía un temor casi paranoide. Si yo hubiera podido comprenderla, tal vez hubiera encontrado una amistad duradera como la que he experimentado con otros profesores y directores. Pero la juzgaba por experiencias superficiales y nunca le di ninguna oportunidad para mostrar sus cualidades más tiernas o maternas. Sin duda que las tenía.

¡Qué lástima que muchos creyentes vivan en una relación semejante con Dios cuando El los invita a una relación de amor recíproco! ¡Qué hermoso es empezar el día simplemente diciéndole a nuestro Padre celestial: "Te amo. Gracias por todos los privilegios que Tú me das como hijo tuyo!"

El vivir conscientes de su presencia nos abre la puerta para hablar con El en medio de todas las circunstancias de la vida. Digamos que sea una cuestión de ética cristiana en la que estemos inseguros. El vivir conscientes de la presencia divina nos ayuda a dirigir una pregunta directamente a nuestro Padre y pedirle consejo. Y si no recibimos una respuesta clara inmediatamente, la misma consciencia de su presencia nos ayuda a darle el beneficio de la duda a El de modo que actuamos tan cristianamente como sea posible.

El desarrollo de esta consciencia a veces nos ayuda a hacer decisiones de largo alcance. Recuerdo bien a José a quien mi esposo había evangelizado muchas veces. José tomaba mucho licor y a veces lo encontrábamos borracho y tirado en la calle, con la esposa e hija pequeña cuidándolo. Las dos se paraban cerca de él, mudas, tristes e incapaces de ayudarlo. Su vicio le había costado la pérdida de una pierna. Durante una de esas ocasiones en que él estaba borracho, el patrón de la finca donde trabajaba le había disparado con una pistola, y como consecuencia el médico había tenido que amputarle la pierna herida.

Una mañana, José apareció en nuestra puerta pidiendo que mi esposo le prestara dinero para comprar una caja de limpiar zapatos. El quería ganar suficiente dinero para comprar el boleto de autobús esa misma noche y asistir a un culto evangelístico de nuestra iglesia en un pueblo cercano. José había perdido su empleo en la finca y ahora se dedicaba a limpiar zapatos para ganarse la vida.

Creo que José nunca había asistido a ningún culto de nuestra iglesia anteriormente. Mi esposo lo había evangelizado en el parque donde este hombre limpiaba zapatos. Mi esposo, después de varias experiencias con personas como José, había decidido no darles dinero sino alimentos o medicina, de acuerdo a sus necesidades. Y ahora no tenía oportunidad de hacer una oración larga para pedirle dirección a Dios. Pero mi esposo había formado el hábito de vivir consciente de la presencia y dirección de Dios. En este instante de decisión, consideró la petición de José y no tuvo duda en cuanto al propósito del betunero.

¡Gracias a Dios que mi esposo había vivido en contacto con Dios y que reconocía la dirección de El!

Su oración fue brevísima y la respuesta divina fue inmediata. Se sintió seguro de que Dios quería que le diera el dinero a José.

Esa noche llevamos a un grupo de jóvenes del instituto bíblico al culto evangelístico, y yo busqué a José en vano entre los cientos de asistentes. Durante el culto yo continuaba pensando en José. "¿Estará aquí o estará embriagado?" La verdad es que me costaba trabajo creer que él estuviera presente. Mi convicción era débil en este caso.

Pero cuando el evangelista hizo el llamado al altar, entre los primeros que se levantaron fue un hombre con muletas. Dios lo salvó esa noche y creo que José nunca más tomó licor. La última vez que lo vi estaba activo en la iglesia y evangelizaba a sus clientes en el parque más o menos como el misionero lo había evangelizado a él.

Una lección importante para mi esposo y para mí, que surgió de esta experiencia, fue la convicción de que debemos vivir en una relación constante con Dios, de modo que podamos pedirle dirección en los momentos de decisiones significativas. El vivir consciente de la presencia de Dios nos hace sensibles a su voluntad.

Al pensar en la oración como una relación con Dios, me gusta considerarla como una experiencia gozosa de aceptación de parte de El. Todos hemos pasado por la experiencia triste de tratar de hablar con una persona a quien queremos mucho, pero al acercarnos a ella, sentimos que está tan preocupada con sus propios asuntos que casi no nos pone atención. Por supuesto, hay personas que apenas oyen y que por esa razón no contestan, pero si decimos un fuerte y alegre "¡Hola!" a un amigo, y éste ni nos mira, nos sentimos despreciados. Nos lastima esta falta de cortesía.

Aun cuando no podemos oír una voz o ver una señal física, nos llena con gozo el saber que Dios nos acepta cariñosamente cuando llegamos delante de El. No nos rechaza. El no está tan preocupado con los asuntos de su providencia en todo el universo que no tenga tiempo para escucharnos y atendernos. Por supuesto, esto no quiere decir que nos va a contestar audiblemente cada vez que le hablamos. El gozo que experimentamos es el gozo de la fe que nos indica que El nos oye personalmente en medio de la infinidad de voces que están llegando simultáneamente delante de su trono.

Este gozo que experimentamos en la presencia de Dios se expresa de varias maneras en los salmos. El salmista lo expresa claramente en uno de los pasajes favoritos de muchos creyentes: "Me mostrarás la senda de la vida; en tu presencia hay plenitud de gozo; delicias a tu diestra para siempre" (16:11).

Es lo personalizado de nuestra relación con Dios lo que provee el deleite de pensar en El como el "Padre mío", el "Consejero mío", el "Dios mío". Llegamos delante de El con nuestras confesiones, acciones de gracia, alabanzas, peticiones personales, intercesiones por otros, y deseos de dirección, y a veces sólo para gozarnos en su presencia. Pero lo significativo para nosotros en este mundo tan egoísta y tan preocupado con la satisfacción de deseos propios es que El nos acepta y nos ama y nos trata con dignidad. En cualquier hora del día o de la noche nos da la bienvenida a su presencia.

Pero no podemos limitar la discusión de la oración como relación a la hermosa experiencia personal que gozamos en la presencia de Dios. Más adelante en el libro consideraremos los beneficios de la oración unida, pero en este primer capítulo mencionaremos brevemente la experiencia significativa de la oración de la comunidad. Hay una relación horizontal y vertical que experimentamos durante los cultos de adoración en la iglesia. Mientras que otro hermano o hermana está orando en alta voz, los demás nos unimos a él o ella en silencio, haciendo las mismas peticiones a nuestro Padre celestial.

La oración de la comunidad o la oración unida nos hace conscientes de nuestra relación personal con Dios y de nuestra relación con los demás cristianos. Hay un compañerismo muy sagrado que sucede en esos momentos de levantar nuestras plegarias juntamente, y esta experiencia tiene significado especial si todos estamos pidiendo la misma cosa a la vez. Digamos que todos estamos pidiendo que Dios nos mande un avivamiento o una manifestación fresca de su Espíritu en nuestra iglesia. Tal oración nos ayuda a olvidarnos de nuestras diferencias de opinión y nos une en un nivel sublime. En ese momento sagrado no estamos conscientes de las pequeñeces que nos diferencian a unos de los otros, o de las críticas que ellos hayan dirigido contra nosotros. Estamos cumpliendo el anhelo que Jesús expresó en su oración pontifical, que todos seamos uno (Juan 17:20-21).

En estas primeras páginas hemos considerado la oración como relación: (1) la osadía de esta relación entre el ser humano y el Creador del universo, (2) la importancia de reconocer que estamos en la presencia de Dios no solamente durante las oraciones, sino que estamos relacionados con El constantemente; (3) la necesidad de experimentar su presencia y de mantener un sentido de reverencia y de temor saludable delante de El mientras que estamos involucrados en las tareas seculares necesarias, (4) la gran ventaja de esta relación tan íntima que nos hace sensibles a su voluntad y nos guía en las decisiones difíciles, y (5) el gozo del reconocimiento de que somos hijos aceptados y bienvenidos delante de su trono en cualquier momento, y (6) que existe un amor recíproco entre El y nosotros que hace muy significativa nuestra relación con El.

También hemos enfocado ligeramente el significado de la relación que sostenemos con otros cristianos en los momentos de la oración unida durante los cultos de adoración. Esta relación combina el gozo de relacionarnos con el Padre y la que experimentamos con nuestros compañeros en la fe.

El privilegio de una relación tan preciosa y sagrada con Dios se expresa en una comunicación especial, pero tal comunión por lo general es una disciplina antes de llegar a ser un gozo, porque encontramos una variedad notable de obstáculos en nuestros esfuerzos por hablar con nuestro Padre y escuchar su voz. En el capítulo siguiente examinaremos algunos de los obstáculos más comunes que estorban nuestra comunicación con Dios.

LOS OBSTÁCULOS EN LA COMUNICACIÓN

A. Las actividades legítimas

B. Las justificaciones ficticias: La racionalización

C. Un juego equivocado de valores

D. Un espíritu no perdonador

E. El cansancio: El uso de un tiempo no favorable para orar

F. Los niños propios y los de los vecinos: Obstáculos inesperados pero perseverantes

2

LOS OBSTÁCULOS EN LA COMUNICACIÓN

Nos cuentan del joven enamorado y apasionado que le dijo a su amada: "Yo cruzaría la montaña más alta del mundo para verte. Cruzaría a nado el océano más ancho, para poder estar contigo. Pasaría por la artillería del más cruel enemigo sólo para estar en tu presencia. Llegaré para verte esta noche, si no llueve."

Me parece que a veces estamos en la misma categoría que este novio elocuente. Le hacemos promesas grandiosas a Dios durante un avivamiento: "Pasaré tres horas contigo cada día, leeré diez capítulos de tu Palabra diariamente, tendremos un culto familiar en nuestro hogar todas las noches, mi tiempo es tuyo, completamente tuyo, para usarlo como Tú quieras."

Las promesas que le hacemos a Dios son hermosas, especialmente las que tienen que ver con ese tiempo sagrado cuando nos comunicamos con El.

Por más de 50 años he ayudado a los jóvenes en el altar de la iglesia. En la mayoría de los casos son sinceros y desean servir al Señor, pero la confesión más común de parte de ellos quizá del 90%, es la de haber descuidado de la comunicación diaria con Dios. Allí en el altar hacen su promesa otra vez de apartar un tiempo especial cada día para estar a solas con Dios en oración, pero muchas veces el mismo joven o señorita regresa al altar durante otro culto especial con la misma confesión y repite sus votos de fidelidad.

El problema no es que estos jóvenes estén usando su tiempo en actividades pecaminosas. Están estudiando en la secundaria o en la universidad. Algunos tienen quehaceres bien pesados en el hogar. Otros ya están trabajando fuera del hogar para poder sufragar sus gastos personales, o para ayudar a sostener a la familia. Muchos de ellos están activos en la iglesia. Algunos están enamorados y le dedican un tiempo, que es legítimo, al novio o a la novia. En otras palabras, son jóvenes sanos y buenos, pero su vida espiritual es raquítica. Les falta la riqueza y el gozo de la comunicación diaria con Dios.

Y el problema de nosotros, los adultos, no es muy distinto. Si examinamos la lista de nuestras actividades, nos parece que todo lo que hacemos es legítimo y hasta necesario, y lo es. Algunos trabajamos en el mercado, en la fábrica, o en la oficina, o en el campo todo el día, y llegamos a la casa cansadísimos, pero todavía tenemos que trabajar duro para ponernos al día con las tareas del hogar o con las responsabilidades de la iglesia.

Todo esto es completamente legítimo y necesario. Dios no espera que descuidemos lo esencial. Pero Satanás, nuestro enemigo, es astuto. El tiene mil maneras de persuadirnos a calificar como "esencial" o "indispensable" mucho de lo que en realidad pertenece a lo secundario. Alguien ha dicho que no hay nada que moleste tanto a Satanás como el ver a un cristiano arrodillado en oración.

Hemos nacido de nuevo. Somos hijos verdaderos de Dios. Es altamente improbable que el enemigo de nuestra alma nos tiente a robar un banco o a quemar la casa de un vecino, pero sí es muy diestro en obstaculizar nuestra comunicación personal y privada con Dios. Y me parece que su ardid favorito es el de animarnos a calificar como "necesaria" toda actividad nuestra.

Por ejemplo, si pasamos dos o tres horas leyendo el periódico, nos justificamos diciendo que necesitamos conocer a fondo lo que está sucediendo en el mundo que nos rodea, para poder orar más específicamente por las condiciones actuales. Si gastamos (o malgastamos) tres horas viendo programas de televisión, es muy fácil racionalizar esta actividad y convencernos de que esto es necesario para proveernos el descanso que tanto necesitamos. Si nos quedamos en el patio por mucho tiempo platicando con los vecinos y hablando de asuntos completamente superficiales, siempre podemos decir que necesitamos usar este medio para preparar el camino para hablarles del evangelio en el futuro.

Pero la racionalización no nos provee el tiempo necesario para comunicarnos con Dios y suplicarle por los líderes políticos para que El les otorgue sabiduría para hacer decisiones, o interceder por las personas del mundo que están sufriendo por las injusticias de otros, o pedirle que Dios salve a nuestros vecinos que todavía andan perdidos en sus pecados.

Entonces, en muchos casos, nuestros valores son el primer obstáculo a la oración. Colocamos muchas actividades secundarias en la categoría de esencial, lo que efectivamente no nos deja lugar para la oración privada y eficaz. El mismo Dios que nos mandó a buscar primeramente el reino de Dios y su justicia, y quien nos prometió que todas aquellas cosas nos serían añadidas, nos dejó indicaciones claras de lo esencial y de lo no esencial en el Sermón del Monte. Y El sigue dándonos direcciones muy personales por medio de su Espíritu que mora en nosotros. Si andamos a la luz de estos consejos divinos, el mismo Espíritu de Dios nos ayudará a formar un concepto equilibrado de lo importante y de lo secundario. Y esto nos guiará a apartar un tiempo adecuado para lo más esencial, la comunicación diaria con Dios.

Hablemos de los componentes de la oración. Mis muchos encuentros con hermanos sinceros en el altar de la iglesia también me han ayudado a ver una segunda debilidad común entre ellos. Frecuentemente me han contado de sus obsesiones emocionales. Muchos de ellos llevan en el corazón sentimientos muy amargos. "No puedo perdonar a mi papá. No es sólo lo que ha hecho en el pasado. El sigue siendo un hombre duro y cruel. Es alcohólico. Maltrata a mi mamá. También me maltrata a mí. Lucho con el odio y con el deseo de venganza."

Esta triste barrera en la comunicación con Dios es muy seria, porque en primer lugar si no perdonamos a otros sus ofensas, tampoco Dios nos perdonará a nosotros.

Si la mente está cargada con amargura, resentimiento y odio, es muy difícil lograr comunicación con Dios. Uno puede estar arrodillado, bien despierto y físicamente en buenas condiciones para orar, pero si permite que la mente se concentre en las ofensas que otros nos han hecho, el tiempo devocional llega a ser con facilidad otro triste repaso de las relaciones infelices que uno mantiene con otros. Y en muchos casos es simplemente una serie de defensas débiles e inútiles de las actitudes no cristianas a las que uno se aferra. Uno puede pasar toda una hora hablando consigo mismo y justificando sus resentimientos y su odio. Esto no es comunicación con Dios. Se parece más a la oración que hizo el fariseo "consigo mismo", tal como leemos en la parábola de Lucas 18:9-14.

Sólo si en el silencio de un encuentro verdadero

con Dios uno abre el corazón y le pide perdón por haber permitido la acumulación de estos resentimientos, le será posible la comunicación libre y fructífera con el Padre celestial. Y la gracia divina puede, en este ambiente, llevarle a un grado más alto, el de interceder eficazmente por los que le hayan ofendido (véase Mateo 5:44).

Otro obstáculo a la comunicación con Dios que quiero mencionar es un aspecto físico, el cansancio. Todavía recuerdo una noche especial en Cobán, Guatemala, cuando los misioneros nos juntamos en el hogar de los hermanos Ingram para celebrar un culto de oración. Estábamos tomando turnos para presentar nuestras peticiones delante del trono de Dios. Y al fin le tocó al hermano Roberto Ingram, quien entonces era el presidente del concilio misionero. Era un hombre muy trabajador y usaba su tiempo como un buen mayordomo cristiano, pero aquel día, ese noble anciano había hecho demasiado, y su cuerpo estaba pidiéndole descanso. Empezó su oración con el vigor que le caracterizaba, pero luego notamos que poco a poco sus palabras estaban más y más prolongadas, al fin él cambió del inglés al español, y ... ¡de repente se quedó dormido dejando una frase incompleta!

No podríamos acusarle de haberse dormido por falta de espiritualidad, ni por falta de interés en las peticiones que estábamos presentando a Dios. Es probable que él y su esposa eran los más fieles de todos nosotros en su práctica de la oración, pero las largas horas de trabajo añadidas a la avanzada hora de nuestro culto se juntaron para imposibilitar la concentración prolongada. El sueño le dominó.

Esta experiencia que nos causó risa aquella noche lleva consigo una lección práctica. El tiempo de orar no debe ser postergado hasta el momento en que nos abruma el cansancio físico. La comunicación con Dios merece un tiempo durante el día cuando la mente está alerta y capaz de concentrarse bien en las alabanzas, la acción de gracias y la intercesión. Para algunas personas, la hora de levantarse por la mañana es el tiempo cuando la mente está más despierta. Para otras esa es la peor hora del día. Han dormido profundamente y les cuesta mucho tiempo el proceso de despertar completamente.

Muchos de los santos del pasado que han dejado para nosotros los mejores ejemplos de la vida de oración, han empezado el día muy temprano en oración. Ciertamente, el darle a Dios la primera parte del día nos parece lógico y apropiado. Pero si escogemos las horas de la madrugada y pasamos el tiempo de oración medio dormidos, la comunicación es bastante limitada. Si las horas tempranas nos parecen el tiempo preferible, nos conviene buscar una manera práctica de vencer el sueño para poder llevar a cabo nuestro plan.

Uno de mis amigos que toma muy en serio la oración diaria experimentaba el problema del sueño al orar durante la primera hora después de levantarse. Un día descubrió la solución: dar vueltas por los cuartos de su casa. Para él es una hora apropiada porque los demás miembros de la familia están durmiendo y sus pasos silenciosos no molestan a nadie. Yo pensé que tal vez sería un método apropiado para mí también, pero descubrí que como ama de casa, me costaba no fijarme en las tareas que me esperaban en cada parte de la casa. Puedo concentrarme mejor en los asuntos espirituales si mantengo los ojos cerrados.

Algunos creyentes prefieren andar en el bosque durante su período de oración privada. La belleza de la naturaleza les ayuda a apreciar las grandezas del Creador, y ese ambiente les inspira durante su oración. Un paseo de esta clase antes del desayuno obviamente proveería beneficios tanto físicos como espirituales.

Otros que prefieren una hora temprana en el día han descubierto que el orar en voz alta les conviene, porque así pueden evitar la tendencia a quedarse dormidos durante la oración. Pero otros sienten que su conversación con Dios es un asunto muy privado y sagrado. No se sienten cómodos anunciando a todos los demás los problemas personales que quieren presentar delante de Dios.

Algunos de los hermanos que gozan del lujo de tomar una buena siesta han encontrado que su mente está más alerta después de la siesta que después de una noche de dormir bien, y a veces prefieren orar inmediatamente después de este descanso del medio día o de la tarde.

Así que no convendría formular una ley universal para resolver la cuestión del tiempo ideal para la oración personal. Si hay tal ley, sería la de examinar nuestro programa, estudiar nuestras limitaciones físicas y escoger el tiempo cuando la mente esté en la mayor capacidad de pensar con claridad. Dios merece lo mejor. En 1 Corintios 14:15, San Pablo nos enseña que debemos orar con el espíritu y con el entendimiento. Es difícil hacer esto si estamos medio dormidos.

Por supuesto, en un libro de este tamaño no podemos discutir todos los obstáculos en la comunicación diaria con Dios, pero siempre encontraremos un obstáculo aun después de haber estudiado bien nuestro programa y escogido con sabiduría el tiempo que nos parece ideal.

Permítame describirle un escenario: Usted ya ha formado el buen hábito de usar cierta hora para orar y está acostumbrado a gozar de silencio y aislamiento. Ya ha comenzado a desarrollar un encuentro diario significativo con Dios. Pero hoy, en el mero momento de arrodillarse, el bebé comienza a gritar a todo pulmón. Usted va corriendo para investigar el caso y encuentra que su hijo mayor le está quitando un juguete y que el mayor está muy feliz con los resultados de su travesura. ¡Ha despertado una reacción fuerte de parte de su hijo más pequeño y de parte de usted! O usted acaba de comenzar a sentir la presencia del Señor cuando los hijos suyos y los del vecino eligen jugar a ladrones y celadores. ¡Toda la tropa desciende sobre usted en el mero rincón que hace un momento le parecía como la entrada al cielo!

No me gusta culpar a Satanás por todas las interrupciones que hacen los familiares o los vecinos durante la hora que usted haya apartado para la oración privada, pero yo misma y mi hermana Loida hemos participado en semejantes interrupciones durante las oraciones privadas de nuestra madre, y le dejo a usted como lector el privilegio de calificar mis motivos y los de mi hermanita.

Mi mamá era una santa viviente. Andaba con Dios y vivía muy de acuerdo a su testimonio de ser una mujer santificada completamente. Oraba fielmente y en voz alta en su propio dormitorio, y sabíamos que Dios contestaba muchas de sus oraciones, pero mi hermanita Loida y yo luego descubrimos que ese tiempo de oración era para nosotras una oportunidad diaria para llevar a cabo algunos planes que mi mamá no aprobaba. No le voy a confesar todas las travesuras que logramos durante el tiempo que nuestra madre piadosa oraba. Pero quizás un solo ejemplo le ayudará a aceptar con más paciencia los "estorbos vivientes" de su propio hogar. Dios no nos ha prometido que todo esfuerzo por lograr un encuentro personal con El se llevará a cabo sin problemas.

Una noche cuando papá había salido para participar en una sesión de la junta de la iglesia, mi mamá buscó el silencio de su dormitiorio para hablar con Dios. Loida y yo podíamos oír sus peticiones y así sabíamos que ella estaba bien ocupada. Mis padres acababan de comprar una arroba de harina, ese polvo tan encantador para los niños. Loida y yo abrimos la bolsa y comenzamos a esparcir la harina metódicamente en la cocina, en el comedor y en la sala. Adornamos las sillas, las mesas, los sillones, y los pisos tan perfectamente que los tres cuartos quedaron bien blancos. Finalmente, con la obra de arte bien acabada, mi conciencia me molestó lo suficiente para llamar a mi madre quien estaba todavía orando en su cuarto en el segundo piso. Le avisé con una voz acusadora: "Mamá, Loida abrió la bolsa de harina y la regó en todas partes."

Creo que mi mamá se sintió feliz por muchas razones cuando Dios me perdonó mis pecados. Yo tenía sólo cinco años de edad cuando Dios me salvó. Esa experiencia mía de salvación fue una de las muchas respuestas de las oraciones de mi mamá. Ciertamente una de las maneras en las que mi vida mejoró notablemente fue en mi respeto para la hora devocional de mi madre.

LOS REQUISITOS DIVINOS PARA LA ORACIÓN

Introducción: Un ejemplo negativo: El niño animado a hacer las peticiones materialistas

A. El reconocimiento de nuestra dependencia de nuestro intérprete divino (Romanos 8:26-27)

B. El reconocimiento de la omnisciencia divina: El conoce nuestras necesidades y a veces contesta *antes* de oír nuestras peticiones (Mateo 6:8)

C. El requisito de pedir (Santiago 4:2)

D. El requisito de no pedir con propósitos egoístas (Santiago 4:3)

E. El requisito de pedir de acuerdo a la voluntad de Dios

   1. Las peticiones equivocadas pero sinceras
   2. Un área común de oraciones equivocadas: el noviazgo
   3. El descubrimiento de la voluntad de Dios y la obediencia
   4. La intercesión por un pecador: una petición que está de acuerdo con la voluntad de Dios

F. La fe

G. La aplicación de las promesas dadas en la Palabra de Dios

H. La obediencia a los mandamientos divinos (Juan 15 y 1 Juan 3:21-23)

3

LOS REQUISITOS DIVINOS PARA LA ORACIÓN

Los niños nos enseñan muchas lecciones significativas para la vida: lecciones de fe, de sinceridad y de valores duraderos. Pero a veces nosotros, los adultos, en nuestro entusiasmo de ayudarles en su desarrollo espiritual, les guiamos en senderos imperfectos y aun dañinos.

Así fue en la experiencia de mi amigo Todi, un niño de cuatro años de edad. Todi tenía la dicha de vivir en un hogar cristiano. Tanto sus padres como sus abuelos amaban a Dios y le servían fielmente. Los abuelos decidieron que iban a ayudar a Todi para que creciera en su fe en Dios y para que aprendiera a pedirle a Dios por las cosas que deseaba. Así que, cada vez que Todi pedía a Dios que le diera un juguete, los abuelos mimadores "contestaban la oración" y le compraban todo lo que había pedido. Por supuesto, el niño pronto descubrió el secreto de su éxito y con creciente audacia pedía cosas más grandes. Pero al fin pasó los límites de los recursos de los abuelos. ¡Pidió que Dios le mandara un hermanito! Por alguna razón Dios nunca contestó esa petición.

Jesús nos ha dicho que tengamos fe como la de un niño, pero no nos ha invitado a formar hábitos materialistas en la oración como los de mi amiguito. En realidad, tenemos que admitir que en muchos casos no sabemos cómo pedir. Llegamos ante Dios con deseos fuertes, pero la elocuencia que practicamos delante de la gente no nos sirve en esos momentos tan sagrados. Hay momentos cuando nuestras lágrimas dicen más que nuestras palabras en la presencia de Dios. Como los discípulos de Cristo, podemos decir: "Enséñanos a orar."

Afortunadamente, en los momentos cuando nos parece que no podemos expresar correctamente nuestras peticiones dirigidas a Dios, tenemos un Intérprete perfecto que sabe cómo presentar nuestras oraciones al Padre. El apóstol Pablo nos asegura con la promesa: "Y de igual manera el Espíritu nos ayuda en nuestra debilidad; pues qué hemos de pedir como conviene, no lo sabemos, pero el Espíritu mismo intercede por nosotros con gemidos indecibles. Mas el que escudriña los corazones sabe cuál es la intención del Espíritu, porque conforme a la voluntad de Dios intercede por los santos" (Romanos 8:26-27).

Tenemos un Intérprete. ¿Ha tenido usted en alguna ocasión la necesidad de pedir los servicios de una persona bilingüe? Recuerdo mis deseos tan fervientes de comunicarme con mis amigos de habla k'ekchí en Guatemala. Durante mis primeros meses en la Tierra de la Eterna Primavera, me invitaron a predicar en uno de sus servicios en nuestra iglesia de San Juan Chamelco. Fui con temor y temblor, porque apenas estaba comenzando a expresarme en el idioma de Cervantes. Con errores comunes a los nuevos misioneros, prediqué lo mejor que pude, pero me consoló mucho que el hermano Guillermo Danneman estuviera a mi lado. Ese hombre de Dios convirtió mi castellano "chapurreado" al dialecto K'ekchí con gran facilidad, y yo pude confiar en él y en el Espíritu Santo que nos ayudó a los dos.

El hermano Danneman domina bien tres idiomas, pero el Espíritu de Dios comprende no sólo todos los idiomas del mundo sino los profundos pensamientos del corazón que no podemos expresar adecuadamente. Si la presencia de mi hermano Guillermo me animaba tanto en la hora de mi dependencia, tanto más me anima saber que mis oraciones llegan ante el Padre interpretadas perfectamente por el mismo Espíritu Santo.

Aún más me alienta el saber que mi Padre celestial conoce mis necesidades antes de que yo las mencione en mis oraciones. Hay tiempos cuando Dios contesta aun antes de escuchar nuestras peticiones expresadas en una forma definida.

Hace dos años yo estaba dando una clase sobre el crecimiento espiritual en una de nuestras universidades nazarenas. Entre mis alumnos estaba un taxista quien nos contó un día de sus grandes luchas con el resentimiento y con un espíritu rencoroso hacia su papá, su hija y su yerno. Su papá le había maltratado tanto, año tras año, que él sentía que nunca podría perdonarlo. La hija se había ido del hogar a vivir con su novio (sin casarse) y ahora que finalmente se habían casado, su papá guardaba rencor en su corazón y ni quería que ella llegara a visitarlo.

Unos días después de haber escuchado este testimonio tan triste, llegué a mi clase con la carga de este hermano sobre el corazón. Antes de entrar a la discusión de la materia, les pedí a los alumnos que oraran por este gran compañero de clase, para que Dios lo librara del resentimiento y que pudiera amar a sus familiares debidamente. El taxista no estaba allí todavía, a veces su trabajo no le permitía llegar a tiempo. Todos oramos con compasión por nuestro hermano, creyendo que Dios obraría en él.

Unos momentos después, él llegó e inmediatamente nos pidió la palabra. Con lágrimas nos contó que la noche anterior, bajo la dirección de Dios, había llamado a su padre y le había pedido perdón por haber guardado odio en su corazón. También nos dijo que había llamado a la hija y a su yerno para pedirles perdón por las actitudes negativas que había manifestado en sus relaciones con ellos. Nuestro hermano testificó que Dios le había perdonado, y yo podía ver en los días siguientes los cambios notables que Dios estaba haciendo en su vida.

Esta experiencia fue significativa para todos nosotros, no sólo por el gran cambio que Dios había hecho en la vida de nuestro amigo, sino porque nos había dado una evidencia patente de la omnisciencia de Dios, de su conocimiento de nuestras peticiones aun antes de que las expresáramos. "Vuestro Padre sabe de qué cosas tenéis necesidad, antes que vosotros le pidáis" (Mateo 6:8).

Pero, a pesar de estos beneficios de la gracia de Dios, Dios nos manda que pidamos de El, y nos provee varias pautas para ayudarnos a cumplir eficazmente con este requisito. En Santiago 4:2-3, el escritor nos llama la atención por no aprovecharnos de esta oportunidad tan preciosa y por las oraciones egoístas: "... pero no tenéis lo que deseáis, porque no pedís. Pedís, y no recibís, porque pedís mal, para gastar en vuestros deleites."

Mientras mis cinco hijos estaban creciendo, frecuentemente no recibían ciertas cosas que querían, simplemente porque no expresaban sus deseos a tiempo. Pero muchas veces, aun cuando nos pedían cosas o permisos con gran insistencia, se los negábamos porque sabíamos que no contribuirían a su bien. Como padres, teníamos la ventaja de muchos años de experiencia y de la sabiduría que acompañaba nuestra madurez. Nuestras respuestas negativas reflejaban nuestro amor, pero ellos, por lo general, no las comprendían.

Con razón nuestro Padre celestial nos llama la atención por nuestra negligencia al fallar y no pedirle lo que necesitamos. Y aún más con su tierno amor nos reprende por las oraciones egoístas y mercenarias que tan frecuentemente hacemos en nuestra comunicación con El. En términos navideños creo que nos diría: "No soy Santa Claus. Soy tu Padre celestial y quiero lo mejor para ti, no simplemente las cosas que por el momento te parezcan deseables."

Esto nos lleva a la discusión de uno de los requisitos básicos para la oración, el de pedir de acuerdo a la voluntad de Dios. Naturalmente, esto es algo que logramos adquirir mientras que estamos creciendo en la gracia de Dios, porque paulatinamente vamos descubriendo sus atributos y el significado de ellos en relación con las demandas que nos hace. Así como un niño descubre los valores e ideales de sus padres, nosotros como hijos de Dios encontramos guías para discernir su voluntad.

Sin embargo, aun los cristianos con muchos años de experiencia pueden cometer errores en este sentido y pedirle a Dios cosas o privilegios que no son un reflejo de la voluntad de El.

Un ejemplo clásico es el de Mónica, la madre de Agustín. Ella oraba mucho pidiendo que Dios salvara a su perdido hijo. Obviamente esa oración estaba de acuerdo a la voluntad divina, pero cuando ella supo que su hijo estaba planeando trasladarse a Roma, Mónica comenzó a pedirle a Dios que no lo permitiera. Ella sabía que el ambiente pecaminoso de aquella ciudad podría contaminarle. Ella insistía en que Dios impidiera los planes de su hijo. Pero Dios permitió que Agustín fuera a Roma, y desde allí a Milán. Fue en Milán, bajo la influencia del obispo Ambrosio, donde Dios le habló y le despertó, y Agustín fue convertido. Dios contestó la oración que estaba de acuerdo a su voluntad, pero no en los términos que demandaba su hija con tanta intensidad.

A menudo nosotros también tratamos de forzar a Dios a que quepa en nuestro programa, y lo hacemos con propósitos altruístas, pero El tiene planes superiores y rehúsa conformarse a los límites que queremos imponerle. Nuestro programa nos parece tan perfecto que juzgamos, equivocadamente, que tal o cual sea la voluntad de Dios.

Esta debilidad se manifiesta particularmente durante los noviazgos. Un joven o una señorita oran y le piden a Dios que les guíe en la decisión de casarse o no casarse con una cierta persona, pero fácilmente pueden llegar al extremo de procurar convencer a Dios de que esta es la persona que está en la voluntad de El. Vale la pena esperar y buscar muy sinceramente la respuesta divina en casos tan significativos. La oración hecha de acuerdo a la voluntad de Dios se basa en el descubrimiento de esa voluntad, y tal logro frecuentemente requiere un período de buscar con diligencia cuál sea el plan divino. Durante esta búsqueda el creyente necesita estudiar con diligencia lo que dice la Palabra de Dios que se aplica a su decisión. En muchos casos debe someterse al asesoramiento de los cristianos maduros y estables que pueden darle consejos sabios.

Yo, como otros jóvenes cristianos, tuve que aprender esta lección personalmente. Ya había orado mucho acerca de la voluntad divina y sentía con seguridad que Lorenzo era el hombre que Dios había escogido para mí. Pero el lugar y el tiempo de nuestro casamiento era otro asunto. Cuando uno de mis profesores en la universidad me invitó a mí y a mi hermana Loida a que le acompañáramos a él y a su esposa en un viaje a California, comencé a pensar en la posibilidad de aprovecharme de esa oportunidad y de casarme con Lorenzo en California, en donde él acababa de terminar sus estudios universitarios. El ya me había propuesto esa idea y me había mandado el dinero para el viaje.

Compartí mis planes con mi mamá en las cartas que le mandé de la universidad. Pero ella sabiamente no me dijo ni "sí" ni "no". Mi entusiasmo crecía con el tiempo, y cuando regresé a mi casa para alistarme para el viaje, ya estaba sumamente feliz con mis expectativas. Pero en realidad no había tomado un tiempo suficiente para buscar la voluntad de Dios concerniente a esa decisión.

Al llegar a casa, naturalmente empecé a contarle a mi mamá los varios aspectos de mis planes, pero luego noté que ella no estaba muy de acuerdo conmigo. Yo tenía mucha confianza en mi madre como una mujer enteramente consagrada a Dios. Sabía que ella vivía de acuerdo a su testimonio, y que tenía mucha más madurez espiritual que yo. Así que al darme cuenta de sus reacciones, comencé a reconsiderar mis planes.

Durante mis años en la secundaria yo había formado el hábito de orar en un cierto lugar en mi dormitorio. Ese lugar había llegado a ser un lugar muy sagrado para mí, porque en ese sitio a un lado de mi vieja cama, Dios había llegado para guiarme y bendecirme muchas veces. Ahora, habiendo reconocido que quizás Dios tuviera ideas diferentes a las mías, fui a ese lugar a encontrarme con El. Allí me arrodillé y con lágrimas puse en sus manos lo que hasta entonces no había rendido. Le dije que iba el día siguiente al almacén en donde había trabajado durante mis vacaciones anteriores y que iba a ofrecerles mis servicios para el verano. En la forma de un "vellón" (véase Jueces 6:36-40) le dije a Dios que si el patrón me aceptaba con brazos abiertos yo sabría que no era su voluntad que yo fuera a California para casarme con Lorenzo.

En un sentido mi "vellón" no era muy justo, porque el patrón nunca me había recibido con brazos abiertos. En ese almacén nos trataban a los universitarios con cierta indiferencia y aun con esnobismo, porque no pertenecíamos a los "electos" que habían escogido ese lugar para trabajar por el resto de su vida.

Pero de acuerdo a mi promesa, fui la mañana siguiente a buscar empleo. Cuando entré a la oficina principal, el patrón me vio y vino rápidamente hacia mí con los brazos extendidos, y por primera vez (y la única vez si recuerdo bien) me abrazó fuertemente y me preguntó si yo podía comenzar mi trabajo inmediatamente. Me aseguró que me necesitaban.

Sentí que en la garganta se me formó un nudo. Ese patrón nunca supo el significado de aquel abrazo. Pero Dios lo sabía y yo también. No fui a California. En el tiempo programado por Dios y en el lugar que El había escogido, Lorenzo y yo nos casamos, y la iglesia en la cual nos quedamos, bajo la dirección de Dios, fue el lugar en donde Dios nos preparó para la obra misionera que El tenía planeada desde antes de nuestro nacimiento.

Así que el pedir la dirección divina, o el pedir algo de acuerdo a la voluntad de Dios puede cambiar por completo nuestros planes. El tiene un número infinito de maneras de revelarnos cuál es su voluntad. El desarrollo de nustra sensibilidad que puede reconocer esa voluntad es una característica normal del crecimiento en la gracia y en el conocimiento de Dios.

Para los que estamos orando especialmente por la salvación de nuestros seres queridos, las promesas divinas que tienen que ver con el hecho de orar de acuerdo a la voluntad de Dios llevan consigo un significado animador. Sabemos que tal oración está conforme a su voluntad, puesto que El no quiere que ninguno perezca, sino que todos procedan al arrepentimiento. Basándonos en este conocimiento, una amiga mía y yo hemos hecho un pacto de oración y fe. Por varios años hemos estado intercediendo por cierta persona que no conoce al Señor, y nuestra fe es fortalecida por las promesas divinas. Ambas estamos muy conscientes del derecho que tiene esta persona de hacer su propia decisión. Sabemos que Dios no va a manipular al hombre por quien estamos orando, pero también reconocemos el poder divino de despertar al pecador más endurecido.

Y esto nos lleva al asunto de un ingrediente bastante esencial para todas nuestras peticiones hechas a nuestro Padre celestial: la fe. A veces, cuando he pedido al Señor que conteste una cierta oración que he repetido muchas veces, me reprende, y me hace ver que he pedido fielmente pero que lo he hecho con muy poca fe. En otras palabras, es posible que uno esté en la misma categoría con los paganos que Jesús criticó por sus vanas repeticiones si sus oraciones no van acompañadas por una fe eficaz. Jesús nos enseña que hay que pedir en oración, creyendo (Mateo 21:21-22).

Nos cuentan de una mujer que había escuchado un sermón basado en la promesa que Jesús les hizo a sus discípulos: "Si a este monte dijereis: Quítate y échate en el mar, será hecho. Y todo lo que pidiereis en oración, creyendo, lo recibiréis."

La mujer regresó a su casa determinada que aplicaría el sermón a su propio problema porque había una montaña en frente de su casa que le estorbaba la vista del panorama. No le gustaba ese obstáculo. Antes de acostarse le pidió a Dios que durante esa misma noche quitara esa montaña. La mañana siguiente, al levantarse fue a la ventana y miró con disgusto, y dijo para sí: "Tal como pensaba, la montaña todavía está allí."

Quizás nosotros no lo confesaríamos tan claramente como ella lo hizo, pero ¿cuántas veces nosotros también hemos pedido con fervor, pero sin fe? Esa mujer no es la única persona que ha pasado por alto la palabra clave en esa promesa divina, la palabra *creyendo*: "Y todo lo que pidiereis en oración, creyendo, lo recibiréis."

Empezamos este capítulo hablando acerca de los esfuerzos equivocados de unos abuelos que querían ayudar a su nieto en el desarrollo de su vida de oración y que usaron medios no muy sanos para hacerlo, pero al hablar del requisito de la fe para la oración eficaz, es justo reconocer que en muchas ocasiones la fe de un niño es un modelo hermoso para los adultos.

En cierta ocasión los miembros de una iglesia se juntaron para orar acerca de una necesidad muy apremiante. Hacía días que no había llovido, y los hermanos de este grupo eran agricultores. Estaban a punto de perder sus cosechas. Oraron con insistencia que Dios les mandara una lluvia copiosa. Después del culto se fijaron en un niño que andaba con su paraguas y le preguntaron porqué lo había traído. Con sorpresa el niño respondió: "Y, ¿no llegamos aquí para pedirle a Dios que nos mandara lluvia?" ¡Que Dios nos dé una fe como la de un niño!

Una manera de desarrollar nuestra fe es la de estudiar la Palabra de Dios y descubrir en ella las promesas definidas que se relacionan con nuestras peticiones. En estos casos es importante que leamos bien el contexto de las promesas dadas para asegurarnos que se aplican a nuestra situación. Al encontrar una promesa que sentimos que Dios nos ha dado para nuestro problema, podemos memorizarla o escribirla en una tarjeta y mantenerla en un lugar visible para recordarla con frecuencia. Cada creyente tiene su propio sistema de reconocer las promesas divinas que tienen significado especial en su vida. Personalmente, he formado el hábito de escribir la letra "m" cerca de cada promesa que yo he adoptado como mía.

Hay un requisito más que quiero discutir antes de entrar a la consideración de otras lecciones sobre la oración. En más de una ocasión descubrimos que

Jesús nos enseña la importancia de una vida de obediencia como una condición necesaria para recibir la respuesta que estamos pidiendo. Obviamente este requisito se relaciona íntimamente con la de orar de acuerdo a la voluntad de Dios. Y la fe que mueve montañas surge de esta relación de sumisión completa.

En el hermoso capítulo 15 de San Juan, en donde Jesús explica nuestras relaciones con El en términos de la vid y los pámpanos, nos dice: "Si permanecéis en mí, y mis palabras permanecen en vosotros, pedid todo lo que queréis, y os será hecho", y en el mismo contexto hace claro el significado de permanecer en El, exigiendo que sus seguidores guarden sus mandamientos.

Los mismos conceptos que se encuentran en Juan 15 se expresan de otra manera en 1 Juan 3:21-23, pero enseñan la misma lección básica: "Amados, si nuestro corazón no nos reprende, confianza tenemos en Dios; y cualquier cosa que pidiéremos la recibiremos de él, porque guardamos sus mandamientos, y hacemos las cosas que son agradables delante de él. Y este es su mandamiento: Que creamos en el nombre de su Hijo Jesucristo, y nos amemos unos a otros como nos lo ha mandado."

Repasemos brevemente los requisitos divinos para la oración como los hemos considerado en este capítulo: (1) Reconocer que en realidad no sabemos cómo pedir, y que tenemos que depender del Intérprete divino, el Espíritu Santo; (2) Reconocer que Dios conoce nuestras necesidades aun antes de que hagamos nuestras peticiones; (3) la necesidad de pedir correctamente, o de acuerdo a la voluntad de Dios, y la ayuda que Dios nos provee para que podamos cumplir con este requisito; (4) la obligación de pedir creyendo; y (5) el requisito de permanecer en Cristo y guardar sus mandamientos como una parte esencial para la oración eficaz.

LOS ALCANCES DE LA COMUNICACIÓN CON DIOS

A. El propósito primordial de la oración
   1. Identificación con la voluntad de Dios
   2. Glorificar el nombre de Dios

B. Los lugares ilimitados donde uno puede comunicarse con Dios (Jonás y Salmos 139:7-12)

C. El privilegio de escuchar la voz de Dios (Juan 10:14, 27)

D. El crecimiento durante los tiempos cuando nos parece que Dios no nos oye

E. El derecho de pedirle aclaraciones a Dios (Génesis 15, 17, 18)

F. La gracia provista para los tiempos de seguir las direcciones divinas de hacer sacrificios extremos: Nuestro "Moriah"

G. La invitación magnánima de pedirle cualquier cosa (Marcos 11:23-24; Juan 14:12-14)

H. El reto atrevido en contra de las fuerzas satánicas

4

LOS ALCANCES DE LA COMUNICACIÓN CON DIOS

¿Cuáles son nuestras creencias acerca de Dios? Creemos que Dios es omnipotente, o que puede hacer todo lo que quiere hacer. Creemos que es omnisciente, o que sabe todo. Creemos que es omnipresente, o que está presente en todas partes del universo. Creemos que es perfectamente santo y justo, o que jamás haría una cosa mala o incorrecta. Creemos que es amor, o que todas sus relaciones con el universo que ha creado son una expresión del amor eterno y perfecto que es la esencia de su ser. Creemos que como Creador del universo, Dios mantiene una providencia o cuidado constante sobre su creación. Creemos que es trino, tres Personas en una: Padre, Hijo y Espíritu Santo. Creemos que nos creó a su propia imagen, que nos hizo santos y que esperaba que mantuviéramos compañerismo con El. Creemos que tenía el plan de salvación diseñado antes de la fundación del mundo y que el sacrificio hecho en el Calvario fue adecuado para salvar a todo ser humano.

Dios nos hizo con posibilidades tremendas de participar de la naturaleza divina (2 Pedro 1:4). Y esto incluyó el derecho de comunicarnos con El y de conocer su voluntad. Siendo que Dios quiere que vivamos una vida que refleja su santidad, el primer propósito de la comunicación con El es el descubrimiento de la voluntad de Dios para que podamos identificarnos con sus planes y llevar a cabo su voluntad en la tierra, y así glorificar su nombre.

No es una sorpresa, entonces, que Jesús haya hecho una promesa tan formidable: "De cierto, de cierto os digo: El que en mí cree, las obras que yo hago, él las hará también; y aun mayores hará, porque yo voy al Padre. Y todo lo que pidiereis al Padre en mi nombre, lo haré, para que el Padre sea glorificado en el Hijo" (Juan 14:12-13).

Sería bueno copiar esta gran promesa en un pliego de papel y ponerla en una parte de la casa en donde la familia pase frecuentemente. Quizás fuese bueno subrayar la última frase de esta promesa, para que toda la familia estuviera consciente del propósito primordial de la oración. El contexto nos enseña que nuestras oraciones contestadas se relacionan con nuestra responsabilidad de hacer las obras que Jesús hizo, pero la última frase nos indica que no hacemos estas obras para ganar aprecio o popularidad para nosotros mismos, sino para glorificar a Dios.

Al hablar, entonces, de los alcances de la oración, debemos empezar con el primer límite asignado por Jesús mismo. Podemos pedirle cualquier cosa a

Dios, pero el propósito de nuestras oraciones eficaces necesita ser el deseo de atraer a otros a lo glorioso de nuestro Dios. Cada vez que oramos debemos tomar en cuenta este principio básico.

En muchos sentidos, somos esclavos de la tradición, de modo que al pensar en los alcances de la oración, nos limitamos frecuentemente a los hábitos o prácticas de nuestra cultura. Estos límites se aplican al lugar en donde creemos que más fácilmente podemos comunicarnos con Dios. Tenemos lugares preferidos y sagrados, especialmente en la iglesia, o en una parte privada del hogar. Pero Dios no reconoce estos límites.

Durante mi niñez asistía a los cultos de los miércoles y escuchaba los testimonios de los hermanos. Y casi todos los miércoles un anciano testificaba que Dios lo había salvado mientras que oraba debajo de un vagón carbonero. Mientras que echaba el carbón con una pala, Dios lo había escuchado.

La madre de mi esposo oraba mientras que estaba llevando una cubeta de agua del pozo para lavar la ropa y pedía que Dios salvara a su hijo. Dios la oyó y lo salvó. Más tarde ella hizo contacto con un grupo de personas que testificaban acerca de una segunda obra de gracia. Observó sus vidas y quedó convencida de que ella misma necesitaba la entera santificación. La buscó intensamente. Mientras que estaba planchando la ropa de su familia, tenía la

Biblia abierta y buscaba en ella las respuestas que anhelaba su corazón hambriento. Oraba, buscaba y planchaba, y Dios la escuchaba. El la santificó allí mismo.

La historia de Jonás es el ejemplo clásico de que Dios nos escucha. Nos enseña, entre otras verdades importantes, que Dios oyó al profeta arrepentido aun cuando éste hizo sus plegarias desde el estómago de un gran pez. Y el salmista nos indica (Salmos 139:7-12) que no hay ningún lugar en el universo en donde uno pueda esconderse de los ojos divinos. Esto nos abre una puerta anchísima para la comunicación con Dios. En momentos inesperados y en lugares increíbles podemos hacer contacto con nuestro Padre.

Otro límite falso que aceptamos fácilmente es el de considerar la oración como la comunicación de parte de nosotros. Se nos olvida que Dios también quiere hablar con nosotros.

Todos tenemos amigos tan locuaces que casi nos es imposible decir una sola palabra cuando queremos comunicarnos con ellos. Los calificamos como personas inconsideradas y descorteses. Pero a menudo nos comportamos con Dios de la misma manera que éstos nos tratan a nosotros. En los períodos devocionales, somos nosotros los que hacemos todas las sugerencias a Dios de lo que queremos que El haga. Si le escuchamos bien y estudiamos su Palabra, El tiene mensajes especiales para nosotros también, y muchas veces estos cambiarían las peticiones que le hacemos.

Leemos las historias hermosas como la experiencia de Isaías que encontramos en el capítulo 6 de su profecía, y quisiéramos tener visiones y escuchar la voz de Dios, pero nuestro Padre celestial no se limita a estos métodos para comunicarse con nosotros. Muchas veces nos habla silenciosamente en lo más recóndito de nuestro corazón, y nos ponemos de pie sabiendo que esta vez Dios nos habló claramente. Pero es difícil que nos hable si no le escuchamos. Esto significa que una parte de nuestro período devocional debe incluir un tiempo durante el cual sólo esperamos en su presencia y le damos la oportunidad de revelarnos su voluntad. También subraya la importancia de estudiar la Palabra de Dios y de buscar en ella la dirección divina antes de orar.

Supe de un hombre que tenía el hábito de sentarse en una silla para orar y de poner otra silla junto a la suya, y luego invitaba a Dios a que se sentara y le hablara durante su hora devocional. Dios a menudo se encontraría con nosotros de una manera muy real si le diéramos la oportunidad de hacerlo.

El crecimiento en esta habilidad de escuchar la voz de Dios y de reconocerla es una parte de lo que se espera en el proceso de nuestro desarrollo en la vida espiritual. En su libro *El espíritu de santidad*, Everett Cattell cuenta de las varias experiencias de personajes famosos en su iglesia que escucharon la voz de Dios, y a quienes usó de maneras muy significativas. Durante su juventud Everett escuchaba estas historias y anhelaba que Dios lo utilizara a él como había usado a esas personas. El testifica: "Yo tenía el oído atento para escuchar la voz de Dios, pero no escuchaba nada." Consultó a misioneros, predicadores y oficiales de la iglesia, pero no le ayudaron mucho. Especialmente quería que Dios lo llamara como misionero. Un testimonio que al fin le ayudó algo fue el del señor Amós Kenworthy.

Unos nuevos convertidos le habían preguntado por qué, si Cristo había dicho: "Mis ovejas oyen mi voz, y me siguen", ellos no habían oído nada todavía. El anciano les dijo: "Es cierto que las ovejas oyen su voz, pero los corderos tienen que aprender a oírla" (p. 66).

Pero aunque sea tan importante escuchar atentamente a la dirección de Dios, todos los cristianos maduros confesarían que hay tiempos en su andar con Dios cuando les parece que los cielos son de bronce y que sus oraciones no van más allá del cielo raso de la casa. Son períodos cuando Satanás se aprovecha de la incertidumbre y les sugiere que tal vez su problema tenga que ver con algún pecado en su vida, aunque éste no exista.

Estos períodos de obscuridad y de tentaciones a dudar en muchos casos resultan en crecimiento espiritual. Estos son tiempos cuando el creyente, más que nunca, tiene que pedirle a Dios la gracia especial de mantener viva su fe en medio de las tinieblas. Si no siente que tiene comunicación con Dios, tiene que depender enteramente de la fe. Sus emociones ciertamente no le ayudan durante estos tiempos de lucha. De todos modos, el cristiano vive por la fe. Y en estos períodos cuando le parece que Dios no le está escuchando, esa fe es valiente, es una fe que, por la gracia de Dios, sale probada y victoriosa.

Una forma especial de oración que desarrollamos durante estos períodos de incertidumbre es la de hacerle preguntas a Dios y de procurar, desesperadamente, descubrir su voluntad. El patriarca Abraham nos ha dejado ejemplos útiles de esta clase de comunicación con Dios.

No es una mera coincidencia que Abraham sea conocido como "el amigo de Dios". Me parece que fue precisamente durante esos tiempos de inseguridad, cuando él tenía que hacerle preguntas a Dios acerca de los planes divinos, cuando este hombre se preparó para la prueba más dura de su vida. La encontramos en Génesis 22. Si estudiamos su comunicación con Dios en Génesis 15, 17, y 18, descubrimos la relación singular que este santo tenía con Dios. Como amigo de El, Abraham le hacía preguntas acerca de sus planes para su propia vida, para su descendencia, y acerca de lo que pasaría con la gente condenada de Sodoma y Gomorra. Aun hizo lo posible para detener el juicio divino contra esas ciudades inicuas.

Lo interesante es que cuando llegó el momento de la prueba más grande de la fe de Abraham, la narrativa no nos dice que le haya hecho preguntas a Dios. En obediencia total, llevó a Isaac al monte Moriah con el propósito de ofrecerlo en sacrificio a Dios. Su comunicación con Dios lo había preparado. Pero si comparamos a Génesis 22:5 y 8 con Hebreos 11:17-19, sabemos que esta comunicación le había provisto de una fe tan poderosa que podía creer que Dios podría resucitar a su hijo de entre los muertos. Su testimonio a sus siervos, expresado con la palabra "volveremos", es uno de los testimonios más significativos de toda la historia de los hijos de Dios. Si tomamos en cuenta el tiempo cuando ocurrió este acontecimiento, sabemos que la gracia especial que Dios le proveyó a Abraham fue maravillosa, porque hasta ese tiempo parece que nadie sabía nada acerca de la resurrección de los muertos. Así que Dios nos da el derecho de pedirle clarificaciones y de esperar respuestas, pero hay ocasiones cuando nuestra comunicación con El nos indica pasos definidos. En esos casos subimos a nuestro monte Moriah y esperamos que Dios haga un milagro. Ya no tenemos que tardar en el valle de incertidumbre, "Jehová proveerá" (Génesis 22:14).

Un estudio de Marcos 11:23-24 y de Juan 14:12-14 nos introduce a un panorama aun más amplio de los alcances de la comunicación con Dios. Jesús les dice a sus discípulos: "Todo lo que pidiereis orando, creed que lo recibiréis, y os vendrá." Hemos visto anteriormente que estas promesas tan poderosas siempre se relacionan con la realización de la voluntad de Dios, y que a menudo no experimentamos lo que El quiere, simplemente porque no le pedimos.

En relación a esta falta común, la doctora Louise Chapman tiene una ilustración favorita que usa en sus mensajes sobre el alcance de la oración. Nos cuenta del sueño que tuvo una señora que aparentemente había pedido poco en sus oraciones. En su sueño esa señora se encontró en el cielo y anduvo bajo la dirección de un ángel, haciendo preguntas, satisfaciendo a su curiosidad. Finalmente llegaron a un almacén enorme, y la señora sorprendida le preguntó al ángel cuál era el propósito de un almacén en el cielo y qué cosas tenía adentro. El ángel le explicó que ese lugar contenía las abundantes bendiciones que Dios quería derramar sobre sus hijos en la tierra. "Pero, ¿por qué están aquí en un almacén? ¿Por qué no las ha mandado a sus hijos tan necesitados?" le preguntó. El ángel le respondió: "Están aquí simplemente porque no las han pedido."

La invitación magnánima de pedirle cualquier cosa dentro de su voluntad fue aceptada por los cristianos primitivos, y sus oraciones hicieron impacto y Dios les proveyó de un avivamiento. ¿Qué tesoros espirituales y cuántos grandes avivamientos estarán esperando nuestra petición en el "almacén" de Dios? Ellos oraron hasta que el lugar donde estaban tembló, "...y todos fueron llenos del Espíritu Santo, y hablaban con denuedo la palabra de Dios" (Hechos 4:31). A veces nosotros temblamos, pero porque tenemos miedo de declarar la Palabra de Dios ante un mundo ateísta, humanista y materialista.

Más que nunca nosotros, los hijos de Dios, nos encaramos con el reto de las fuerzas satánicas. La brujería, los cultos a Satanás y el ocultismo han logrado una popularidad que han arrastrado a muchas personas. A éstas les parece una cosa sofisticada y superior, y se entregan tan completamente a esas prácticas como un cristiano sincero se entrega al Señor.

Hace unos meses que un miembro de nuestra iglesia iba a un viaje por avión y estaba sentado con un hombre que le parecía muy decente. Cuando las aeromozas llegaron con la comida, su compañero la rechazó. El le explicó a nuestro hermano, con el entusiasmo que debe caracterizar a un cristiano, que él estaba ayunando y orando a Satanás, y que su petición principal era que el diablo destruyera los matrimonios en nuestra patria. Añadió que otros miembros de su culto estaban viajando en el mismo avión y que ellos también estaban unidos, con el mismo propósito. Los historiadores nos informan que este movimiento no es nada nuevo. Por ejemplo, Merryl Unger en su texto *Los demonios y el mundo moderno* nos cuenta que en los días de Abraham (2000 a.C.) los hombres se habían hundido en las prácticas de hechizos, encantamientos, exorcismos y otras expresiones de fenómenos demonológicos (p. 11). Pero después de tener conocimiento de la Biblia por siglos, aun en países llamados cristianos, los cultos a Satanás están en gran aumento.

¿Qué significado tendrá este movimiento para nosotros, los que tenemos a nuestro alcance las grandes promesas de Dios? A algunos nos llama la oración. Pero parece que muchos ni están conscientes del reto atrevido que nosotros mismos debemos montar en contra de las huestes satánicas. Tal reto empieza con la oración eficaz.

Hace menos de un mes que un alumno mío me contó que cuando era bebé, la familia tenía una sirvienta a quien le gustaba la brujería. Un día esta señorita le dijo a la madre que iba a embrujar al niño Vicente. Este alumno me dijo: "Yo era ese bebé, y mi madre asustada oró mucho por mí para que nunca me pasara nada malo."

Hoy Vicente está preparándose para el sagrado ministerio y testifica: "Ahora veo mi pasado y todos los peligros en los que pude caer, y veo cómo la mano de Dios me levantaba y casi nunca me permitió caer. Creo que las oraciones de mi madre han tenido mucho que ver. Admiro a mi madre por la facilidad que tiene para hablar con Dios... Mi madre ha sido misionera en su propia familia."

En una ciudad donde mi esposo y yo trabajamos durante dos años había una familia incrédula que rechazaba las visitas de los hermanos de nuestra iglesia. A veces hasta los maltrataban cuando los invitaban a la iglesia. Pero su actitud cambió cuando descubrieron que su hija estaba poseída por el diablo. Desesperadamente fueron de brujo en brujo y gastaron todo su dinero en búsqueda del remedio.

Finalmente, cuando aceptaron que el caso estaba perdido, alguien les dijo que la Iglesia del Nazareno hacía oraciones y "sanaba enfermos", y que en esa iglesia habían ocurrido milagros.

La familia llegó a la iglesia, pero el caso no fue así de simple. Permítame explicarle. Una noche la mamá entró al dormitorio de la señorita y la encontró suspendida en el aire. Ninguna parte de su cuerpo tocó la cama durante toda la noche. Permaneció en la misma posición, y los vecinos curiosos llenaron el cuarto y se quedaron mirándola, pero imposibilitados de poder ayudarla. La mamá se quedó arrodillada al lado de la cama toda la noche, orando por su hija poseída. Al amanecer, la señorita también cayó de rodillas, y no pudo explicar por qué. Ella acusó a su madre de haberla empujado y puesto en esa posición humilde, y su madre le aseguró que ni siquiera la había tocado.

La iglesia tomó muy en serio la necesidad de esta

familia y oraron día y noche, y Dios les dio la victoria. La señorita llegó al altar y se convirtió y toda la familia con ella. Como consecuencia de este triunfo sobre Satanás, son tres familias ahora las que se han convertido y que hoy están activas en la iglesia. Y ¡quién sabe cuántos más habrán sido influidos por este gran milagro divino!

Desde entonces, aquella señorita se ha preparado en un seminario evangélico, y otros miembros de la familia también están preparándose para el ministerio. Ciertamente la invitación de derribar las fuerzas de Satanás se incluye en la promesa de Jesús: "todo lo que pidiereis orando, creed que lo recibireis, y os vendrá" (Marcos 11:24).

Martín Lutero escribió: "Debemos lograr todo por medio de la oración, para poder mantener lo que ya tenemos y para defenderlo en contra de nuestros enemigos, el diablo y el mundo. Por consiguiente, es la obra particular de los cristianos, que tienen el Espíritu de Dios, que sean incesantes y constantes en la oración" (*Men For Nations*, un boletín).

Muchos cristianos están convencidos de que estamos viviendo en los últimos días. Por supuesto, no podemos ponerle fecha a la segunda venida de nuestro Señor Jesucristo, pero nos parece que tenemos razón para pensar que muchas de las profecías acerca de ese gran día ya están cumpliéndose. La Palabra de Dios nos amonesta acerca de los milagros satánicos que podemos esperar antes del regreso de nuestro Salvador. Nuestra mejor protección en medio de la lucha será una vida llena del Espíritu Santo, y el uso sabio de las armas espirituales que Dios nos ha provisto. Satanás todavía tiembla al ver a un santo arrodillado que está comunicándose con el Señor, y ¡cuánto más temblaría si miles de cristianos juntaran sus voces en una plegaria a favor de un avivamiento mundial!

En este capítulo hemos examinado los siguientes puntos concernientes a los alcances de la comunicación con Dios: (1) que el propósito primordial de la oración es la identificación con la voluntad de Dios, para que su nombre sea glorificado; (2) que no estamos atados por las costumbres a limitar nuestras oraciones a ciertos lugares, sino que es posible adorar a Dios y comunicarnos con El bajo las condiciones más extraordinarias y en lugares que nos parezcan completamente inadecuados; (3) que durante nuestras devociones privadas, Dios no solamente nos llama a presentarle nuestras peticiones y preocupaciones, sino que también quiere hablar con nosotros y presentarnos su punto de vista; (4) que una característica del crecimiento normal en la gracia y el conocimiento de Dios es el desarrollo de la sensibilidad a la voz de El para que podamos distinguirla de otras voces que nos guiarían a senderos equivocados; (5) que todos los cristianos pueden anticipar tiempos obscuros, en los cuales les es difícil comunicarse con Dios, pero que estos mismos períodos pueden resultar en un crecimiento notable de su fe; (6) que Dios nos da la oportunidad de hacerle preguntas y tratar de aclarar las situaciones que no comprendemos, que estas preguntas nos sirven para descubrir la voluntad de Dios para afirmar nuestra amistad con El; (7) que Dios nos revela su voluntad y nos provee de la gracia adecuada para nuestro "Moriah"; (8) que las grandes promesas de la Palabra de Dios incluyen la invitación magnánima de pedirle cualquier cosa que esté de acuerdo a su voluntad, y que debemos aprovecharnos de este legado que Jesucristo nos dejó; y (9) que Dios nos llama a hacer un reto atrevido a las fuerzas satánicas por medio de la oración eficaz, y que nos fortalece para que salgamos victoriosos en medio de las pruebas más feroces.

En el siguiente capítulo consideraremos el poder de la oración unida, un estudio que tiene el propósito de abrirnos una vista más amplia de los alcances de la comunicación con Dios.

EL PODER DE LA ORACIÓN UNIDA

I. Las ventajas de la oración unida
   A. No es una ventaja simplemente numérica
   B. La ventaja de la influencia de la experiencia y la sabiduría de los cristianos maduros
   C. La ventaja del descubrimiento de áreas de la vida que necesitan cambiarse
   D. La ventaja del descubrimiento de la voluntad de Dios para el individuo y para la iglesia
   E. La ventaja de la identificación en vez de la división entre los hermanos
   F. La ventaja de la cooperación de los hermanos en los proyectos que brotan durante los períodos de la oración unida
   G. La ventaja del crecimiento en el amor que surge de la oración unida

II. Ejemplos de las consecuencias dinámicas de la oración unida
   A. El divorcio evitado y un hogar cristiano establecido
   B. La pesca milagrosa y el crecimiento de la iglesia
   C. Una iglesia con fondos limitados y la provisión de un sitio a un precio increíble
   D. Tres mil hermanos nuevos en un solo día

III. Un reto personal para la formación de grupos unidos que pedirán un avivamiento de santidad

5

EL PODER DE LA ORACIÓN UNIDA

¿Qué pasaría si usted y todos los demás miembros de su iglesia local se juntaran en una oración unida, pidiendo con gran fervor que Dios les mandara un avivamiento? Basándonos en lo que hemos visto en la historia de la iglesia, parece que hay un poder tremendo en la oración unida.

Pensemos por unos momentos sobre las ventajas de la oración que se centraliza en la búsqueda de la voluntad de Dios de parte de la iglesia entera.

Quizás sea provechoso reconocer en primer lugar que no estamos considerando una ventaja simplemente numérica. Si fuera así, Dios haría un censo de nuestras oraciones para ver cuántas personas estarían de acuerdo en su petición, y si fueran suficientes, contestaría de acuerdo a la magnitud del grupo.

Dios toma en cuenta al individuo, a los dos o tres congregados en su nombre, y a los reunidos en grupos grandes también. Los requisitos divinos son iguales para una sola persona o para mil: la humildad, el arrepentimiento del pecado de parte de los que andan fuera de la voluntad de Dios, la búsqueda sincera de la voluntad divina, la obediencia completa a la voluntad de El al conocerla, y la fe en las promesas que El nos ha dejado en su Palabra.

Pero hay grandes ventajas en juntarnos con otros cristianos para hacer nuestras peticiones ante el trono de la gracia. Una de las primeras ventajas es la influencia de la experiencia y sabiduría de los cristianos maduros. Al escuchar las oraciones de ellos, los creyentes nuevos reciben inspiración y descubren nuevos secretos en cuanto a la oración eficaz. Las oraciones de personas que han conocido a Dios por muchos años nos sirven de modelo durante nuestra infancia espiritual.

En el ambiente de la oración unida, tanto los nuevos hermanos como los maduros en la fe, a menudo descubren áreas de su vida que necesitan mejorarse para cumplir con el plan de Dios. Predomina una atmósfera de hambre y sed de los alimentos espirituales, y el Espíritu Santo utiliza ese ambiente para alistar a los creyentes para una renovación transformadora. Otra ventaja de la oración unida es el descubrimiento de la voluntad de Dios para el individuo y para la iglesia misma. El programa humano fácilmente puede fallar, pero un programa de crecimiento o de extensión que nace en el ambiente de la oración unida y sincera tiene mucha más posibilidad de ser exitoso.

También hay la ventaja de la identificación del grupo con la voluntad de Dios y la identificación de los hermanos con los demás miembros de la iglesia. En vez de dividirse en grupos opuestos y mantener un espíritu de competencia, los hermanos sienten deseos de ser un solo cuerpo espiritual por medio de la oración unida.

La oración unida también influye en las actividades que siguen después. Si muchas personas continuaran en la presencia de Dios, encontrarían su voluntad y tendrían más probabilidades de tomar en serio su aporte en llevar a cabo el plan que ellos creen que Dios tiene para su obra. El espíritu de cooperación que nace en el período de oración conjunta se extiende a la calle, a los hogares de los inconversos, y a los perdidos y necesitados. Dios da el avivamiento pero usa a los obedientes para realizar los contactos personales con los que no le conocen.

En el ambiente de la oración unida se experimenta un crecimiento en el amor divino en los corazones de los hermanos, y este amor aumenta si los feligreses continúan esta actividad espiritual como parte establecida del programa de su iglesia. Es interesante el ciclo que se establece, la oración unida de los hermanos los une en un amor creciente, y el amor creciente los impele a orar juntos.

En una obra introductoria como ésta, no es posible incluir muchos ejemplos de los efectos dinámicos de la oración unida. Espero que los que se incluyen puedan despertar el apetito de nuestros corazones, porque en realidad hemos visto sólo el ápice del iceberg. Dios quiere hacer grandes cosas por nosotros por medio de la oración unida.

Uno de los problemas más agudos en nuestros días es el divorcio, y aunque lamentemos admitirlo, esta tragedia va en aumento dentro de nuestras propias iglesias evangélicas. En una plática que tuve recientemente con un amigo mío, me contó acerca de un gran milagro que ocurrió en nuestra Primera Iglesia del Nazareno en Kansas City. Me dijo que una pareja, miembros de su iglesia, parecía tener un matrimonio fuerte y sano. La esposa no mostraba ninguna indicación de tener problemas serios en sus relaciones con el esposo. Ella pensaba que todo marchaba bien. Pero una tarde cuando su esposo regresó del trabajo, abruptamente le anunció que iba a divorciarse. Le explicó que ya no la amaba, y salió para el estado de Florida para convivir con otra mujer. Parecía que a este matrimonio ya se le había cerrado la puerta para siempre. No había esperanzas de restauración.

Pero la señora compartió sus profundas preocupaciones con algunos miembros de la iglesia, y más de cuarenta de éstos hicieron un pacto de oración. Al comenzar a orar, sintieron la dirección divina de orar y ayunar juntos acerca del problema. Durante este período, la esposa enajenada profundizó su relación con Dios, porque descubrió que realmente nunca había sido una verdadera creyente. Entonces se consagró completamente al Señor.

Pero Dios no estaba obrando sólo en ella. Simultáneamente en el estado de Florida estaba influyendo en el esposo. Por supuesto, él no sabía nada del "bombardeo de los cielos" que estaba sucediendo en la iglesia que había abandonado. Durante este tiempo escribió en su diario personal que había empezado a perder su interés hacia la mujer con quien estaba viviendo ilegalmente. No podía comprender lo que estaba sucediendo con el amor que sentía por ella. Su diario mostraba cambios continuos durante este tiempo. Regresó a Kansas City el día antes del juicio del divorcio, y humildemente le pidió a la esposa que lo aceptara otra vez.

La esposa lo aceptó y hoy, ambos son cristianos sólidos. Los dos testifican que anteriormente no eran cristianos verdaderos. Ahora están trabajando gozosamente en la iglesia, y en su hogar se han ajustado muy bien el uno al otro. La iglesia ha compartido su historia con otras iglesias para animar a los hermanos a orar juntos y a esperar milagros.

Volemos de los Estados Unidos de América a un hermoso país del Sur. Visitemos a la familia Palma en Santa Rosa, Perú. Este pueblo está situado a la orilla del mar y no está muy lejos del centro nazareno en Chiclayo.

Los hermanos Palma son dueños de una embarcación que se llama "El Mesías". Todos los pescadores que salen en esta embarcación son creyentes, y casi siempre regresan con la mejor pesca, de modo que ha surgido la envidia de parte de los demás pescadores del área. Naturalmente los envidiosos comenzaron a hacerles preguntas a los creyentes acerca de las razones de su pesca tan exitosa. Los habitantes de Santa Rosa tradicionalmente han practicado la hechicería. Así que les preguntaron a nuestros hermanos nazarenos: "¿Quién es el brujo que ustedes emplean?" Los creyentes contestaron con una sonrisa agradable: "A nuestro Brujo no lo conocen ustedes, pero podemos decirles quién es. Es Dios."

Los creyentes vieron esto como una oportunidad para evangelizar a los vecinos. Les dijeron: "El no cobra. No tiene horario fijo establecido. El está listo para atender a todos, y quiere bendecirlos a ustedes como a nosotros."

Por este testimonio muchos aceptaron a Cristo y hoy son miembros de nuestra iglesia, pero otros en forma burlona se rieron y contestaron: "Ustedes no quieren decirnos quién es su brujo, porque sabemos que Dios no puede hacer esas cosas." Al contrario, desafiaron a los hermanos, pero los creyentes insistieron en que Dios les ayudaba. Luego los incrédulos los retaron. Dijeron que iban a buscar al brujo más poderoso de su área y que iban a pedirle su ayuda, y establecieron un cierto día de competencia para ver quién ganaría: Dios o el brujo de ellos.

Los hermanos sabían que Dios había contestado con fuego en el desafío entre Elías y los profetas de Baal, pero vieron la necesidad de hacer oración y ayuno. Pidieron a los miembros de la iglesia que tomaran parte con ellos haciendo una petición específica a Dios para que les ayudara a ganar esa competencia. Bajo el liderato enérgico de su pastor, el reverendo Abraham Guevara, los hermanos oraban en rotación durante varios días. Y el mismo Dios que contestó la oración de Elías les contestó a nuestros hermanos de Santa Rosa. El brujo "poderoso" perdió, y nuestros hermanos tuvieron una pesca milagrosa. Además, varios de los incrédulos que habían tomado parte en el concurso quedaron convencidos y aceptaron el evangelio.

Como consecuencia de esta experiencia, los hermanos (toda la tripulación, los hermanos Palma y los demás con ellos) dieron toda la pesca a Dios y a la iglesia para contribuir a la construcción de ella. Y como un resultado de su experiencia en la oración unida, estos hermanos comenzaron a escoger días especiales en los que prometieron a Dios que le darían todo el dinero ganado por la pesca del día. En cada caso, Dios les dio una pesca especial para el día dedicado a El y a la construcción de la iglesia. Yo estaba presente el día en que dedicaron la iglesia nueva, y sentía la presencia del Señor de una manera muy preciosa entre esos pescadores unidos por la oración, el ayuno y la fe.

Volemos por unos momentos a New Bedford, Massachusetts, en donde encontramos al pastor, el doctor Manuel Xavier, un hombre muy entusiasta acerca de la oración unida. El hermano Xavier nació en Cabo Verde y ha pastoreado nuestra iglesia internacional durante un período extraordinario de 40 años. Tiene más de 500 miembros, y la mayoría de ellos proceden de Cabo Verde, Brasil o Portugal.

Hace unos pocos años llegó el tiempo cuando era necesario tener dos cultos el domingo por la mañana para acomodar a tantas personas. El pastor oró acerca de su necesidad y presentó a su iglesia un plan de aumentar el tamaño del edificio, pero uno de los problemas fue que tendrían que utilizar todo el espacio dedicado al estacionamiento, y sería difícil que los hermanos encontraran dónde estacionar sus automóviles.

Había un estacionamiento grande al otro lado de la calle, pero pertenecía a una compañía eléctrica. Algunos representantes de nuestra iglesia investigaron la posibilidad de comprar ese sitio, pero descubrieron que el precio era prohibitivo.

El pastor Xavier llamó a la iglesia a la oración unida, y los hermanos fueron influenciados por el entusiasmo y fe de su líder. Organizaron una cadena de oración los días viernes y dedicaron tiempo especial a la oración y ayuno, pidiendo la ayuda del Señor para poder comprar aquel sitio y así poder acelerar la construcción de su iglesia. Permanecieron fieles a su promesa durante varios meses: orando, ayunando y creyendo. Y Dios estaba en su propio proceso de contestarles.

Cuando llegó el tiempo para comprar el lugar para el estacionamiento, el sitio había pasado a las manos de los oficiales de la ciudad. Pero Dios obró en ellos de tal manera que nuestros hermanos lograron comprar ese lugar en donde hoy pueden estacionarse entre 150 y 200 vehículos los domingos. ¡Tuvieron que pagar a la ciudad sólo un dólar por el sitio! Dios obra poderosamente por medio de la oración unida.

Yo quisiera añadir muchos otros ejemplos contemporáneos, pero tenemos mucho que aprender de los cristianos primitivos quienes oraron "todos unánimes juntos" durante diez días antes de recibir el bautismo con el Espíritu Santo. Ellos sabían que la promesa de Dios sería cumplida, pero seguramente que hubo momentos cuando dudaron en cuanto al tiempo del cumplimiento de la promesa del Padre. Pero en su propio tiempo, El contestó y mandó su Espíritu y nació la iglesia: "Y se añadieron aquel día como tres mil personas."

Lo desafío a que usted busque unos compañeros fieles con quienes pueda hacer un pacto de oración y que persistan con usted hasta que Dios les mande un avivamiento de santidad a su propia iglesia. ¡Dios vive hoy!

www.ingramcontent.com/pod-product-compliance
Lightning Source LLC
LaVergne TN
LVHW011714230826
846091LV00015BA/4155

* 9 7 8 1 5 6 3 4 4 0 0 7 6 *